AUTORES:

JOSÉ MARÍA CAÑIZARES MÁRQUEZ
CARMEN CARBONERO CELIS

COLECCIÓN: MANUALES PARA PADRES SOBRE ACTIVIDAD FÍSICA, SALUD Y EDUCACIÓN EN LOS NIÑ@S

CONOCE LAS DISCAPACIDADES

COLECCIÓN MANUALES PARA PADRES SOBRE ACTIVIDAD FÍSICA, SALUD, Y EDUCACIÓN EN LOS NIÑ@S

CONOCE LAS DISCAPACIDADES.

AUTORES

José Mª Cañizares Márquez

- Catedrático de Educación Física
- Tutor del Módulo del Practicum del Master de Secundaria
- Especialista en preparación de opositores
- Autor de numerosas obras sobre Educación y Preparación Física

Carmen Carbonero Celis

- D. E. A. en Instituciones Educativas
- Licenciada en Pedagogía
- Maestra de Primaria y Secundaria en centros de Educación Compensatoria
- Didacta presencial del Módulo de Pedagogía General en el CAP
- Profesora de Pedagogía Terapéutica en Centro Educación Primaria

Título: CONOCE LAS DISCAPACIDADES.

Autores: José Mª Cañizares Márquez y Carmen Carbonero Celis
Editorial: WANCEULEN EDITORIAL

Sello Editorial: WM EDICIONES

Dirección Web: www.wanceuleneditorial.com, www.wanceulen.com,

Email: info@wanceuleneditorial.com

I.S.B.N. (PAPEL): 978-84-9993-574-4

I.S.B.N. (EBOOK): 978-84-9993-598-0

©Copyright: WANCEULEN S.L.

Primera Edición: Año 2017

Impreso en España

WANCEULEN S.L. C/ Cristo del Desamparo y Abandono, 56   41006 SEVILLA

Reservados todos los derechos. Queda prohibido reproducir, almacenar en sistemas de recuperación de la información y transmitir parte alguna de esta publicación, cualquiera que sea el medio empleado (electrónico, mecánico, fotocopia, impresión, grabación, etc), sin el permiso de los titulares de los derechos de propiedad intelectual. Cualquier forma de reproducción, distribución, comunicación pública o transformación de esta obra solo puede ser realizada con la autorización de sus titulares, salvo excepción prevista por la ley. Diríjase a CEDRO (Centro Español de Derechos Reprográficos, www.cedro.org) si necesita fotocopiar o escanear algún fragmento de esta obra.

ÍNDICE

INTRODUCCIÓN 7

1. ALUMNOS CON NECESIDADES EDUCATIVAS ESPECIALES. 9

    1.1. Normativa que regula las necesidades educativas especiales. 10

    1.2. Las adaptaciones curriculares en el alumnado con N.E.E. 12

        1.2.1.- Los programas de adaptación curricular. 13

2. CARACTERÍSTICAS GENERALES DE LOS TIPOS Y GRADOS DE MINUSVALÍAS MOTORAS, PSÍQUICAS, SENSORIALES EN RELACIÓN CON LA ACTIVIDAD FÍSICA. 14

    2.1. Motoras. 14

    2.2. Psíquicas. 18

    2.3. Sensoriales. 21

CONCLUSIONES 23

BIBLIOGRAFÍA 23

WEBGRAFÍA 26

INTRODUCCIÓN

Los temas 21 y 22 tratan sobre los **tres** grandes grupos de **discapacidades** y su grado de implicación en nuestra Área. El primero tiene una visión teórica y el segundo práctica.

La inclusión del alumnado con "necesidades educativas especiales" -hoy día dentro de la denominación genérica de "A. N. E. A. E.", junto a otros grupos de alumnos que también presentan "necesidades específicas de apoyo educativo" (L. O. E., 2006; R.D. 126/2014; Ley 17/2007 de Educación de Andalucía, art. 48.3; D. 97/2015; Orden de 25 de julio de 2008, por la que se regula la atención a la diversidad del alumnado que cursa la educación básica en centros docentes públicos de Andalucía)-, ha entrado a formar parte de las preocupaciones del sistema educativo y, por ello, la Actividad Física Adaptada es un aspecto importante que debe ser asumido por todos los maestros y maestras en el diseño de los Proyectos Curriculares de cada centro (Cumellas y Estrany, 2006).

La educación especial tiene sus orígenes en 1978, con el Informe Warnock, llamado así en honor a la británica Mary Warnock que presidió el "Comité de Investigación sobre la Educación Especial" (Romero y Lavigne, 2005). Es una declaración de los principios que deben regir la Educación Especial: *"todos los niños tienen derecho a asistir a la escuela ordinaria de su localidad, sin posible exclusión"*. Este estudio influye en diferentes leyes europeas sobre educación (Ríos, 2003). A este cambio conceptual han ayudado numerosos elementos, pero es a este documento al que le debemos el concepto de *necesidades educativas especiales*. (Contreras, 2004).

La atención educativa a esta población ha experimentado una gran evolución en las últimas décadas, siendo por tanto muy dinámica. La publicación de los últimos decretos y órdenes, así como la divulgación editorial y congresual de investigaciones y experiencias lo prueban (Junta de Andalucía, 2001). En esta línea citamos al Plan Mejor Escuela de Infraestructuras Educativas (Acuerdo 11/10/2005), por el que todos los centros deberán disponer de todos los elementos para facilitar la entrada y tránsito por sus instalaciones. Niños y niñas con necesidades educativas especiales tienen en **nuestra área** una importante faceta educativa ya que con la educación física adaptada consiguen el máximo desarrollo de su personalidad, si tenemos en cuenta sus posibilidades y limitaciones (Simard, Caron y Skrotzky, 2003)

En este sentido, la LOMCE/2013 nos dice que *"en esta etapa se pondrá especial énfasis en la atención a la diversidad del alumnado, en la atención individualizada, en la prevención de las dificultades de aprendizaje y en la puesta en práctica de mecanismos de refuerzo tan pronto como se detecten estas dificultades"*.

A lo largo de este Tema veremos cómo son las características generales de los tipos y grados de discapacidades: motoras, psíquicas, sensoriales, en relación con la actividad física, así como otras deficiencias que nos encontramos en nuestras escuelas: alumnado procedente de la inmigración y a los que padecen deprivación social.

1. ALUMNOS CON NECESIDADES EDUCATIVAS ESPECIALES.

Se entiende por alumnado que presenta necesidades educativas especiales, aquel que requiere, por un periodo de su escolarización o a lo largo de toda ella, determinados apoyos y atenciones educativas específicas derivadas de discapacidad o trastornos graves de conducta (L. O. E., 2006).

Se concretan en **apoyos** complementarios a la atención educativa habitual que les permitan desarrollar las capacidades, conocimientos, habilidades y destrezas que constituyen los objetivos del currículo, con independencia del origen de esas necesidades (Junta de Andalucía, 2001 y O. 25/07/2008).

Existen determinadas diferencias terminológicas entre la LOE/2006 y la LEA/2007. La aprobación de la primera trajo consigo, entre otros cambios, modificaciones en la organización de la atención a la diversidad. Una de estas concierne al concepto de Necesidades Educativas Especiales, redefinido en el Título III: Equidad en la Educación, de la citada ley y ratificado, aunque aceptando un enfoque más amplio del concepto, en la Ley 17/2007 (LEA 2007). Modificaciones que se deben, por un lado, a la aparición de un nuevo concepto más general (Necesidades Específicas de Apoyo Educativo) y, por otro, a las modificaciones intrínsecas del mismo.

A groso modo podemos decir, que este nuevo "gran" concepto: Necesidades Específicas de Apoyo Educativo (NEAE) engloba, desde el punto de vista de la LOE 2006, al alumnado con necesidades educativas especiales (NEE) derivadas de discapacidad o trastornos graves de conducta, al alumnado con altas capacidades intelectuales, al alumnado con incorporación tardía en el Sistema Educativo Español, al alumnado con dificultades específicas de aprendizaje o al alumnado con condiciones personales o de historia escolar compleja. La LEA 2007, sin embargo, amplia dicho concepto, incluyendo, además de lo referido en la LOE 2006, la compensación de desigualdades sociales. En relación con las necesidades educativas especiales, tanto la LEA como la LOE coinciden en articular que el alumnado con necesidades educativas especiales es aquel que requiere, por un período de su escolarización o a lo largo de toda ella, determinados apoyos y atenciones educativas específicas derivadas de discapacidad o trastornos graves de conducta (VV. AA., 2008).

Marchesi y Martín (2002), indican que los alumnos con necesidades educativas especiales son aquellos que *"requieren unos esfuerzos y recursos específicos para conseguir que lleguen a lograr las finalidades previstas para el grupo"*.

En todo caso, no debemos entender esta circunstancia como algo estático, sino mejorable por nuestra mediación (Macarulla y Saiz -coords.-, 2009). Algunas causas, son:

- Enfermedades que les han impedido una escolarización óptima.
- Problemas familiares o sociales que le han imposibilitado concentrarse en los aprendizajes.
- Problemas de aprendizaje de diversa índole y que requieren una atención más selectiva.
- Discapacidad sensorial, psíquica, motriz... que les dificulta el uso de los recursos ordinarios.

Así pues, en la escuela se encuentran alumnas y alumnos con déficit intelectual de diversos grados, con trastornos sensoriales en la vista u oído, con irregularidades motóricas, aunque con sus capacidades intelectuales plenas. También escolares con alteraciones graves de la personalidad y de la conducta, con carácter más o menos transitorio (O. 25/07/2008).

González Manjón (1995), indica que la escuela tiene prevista su respuesta educativa con una serie de **adaptaciones** de diversa índole, que recogemos especialmente en la segunda y tercera parte del Tema 22, toda vez viene así recogido en su título.

Específicamente, el Área de Educación Física tiene en la Educación y Reeducación Psicomotriz (esquema corporal, percepción, coordinación, etc.) sus grandes recursos para poner en acción las técnicas educativas y conseguir una mejor integración escolar y social (Ruiz Pérez, 2005). Por otro lado, los docentes especialistas nos encontramos con la tarea de compatibilizar los intereses generales del grupo clase con la del alumnado que presenta déficit, atendiendo a sus características individuales (Asún y otros, 2003).

1.1. NORMATIVA QUE REGULA LAS NECESIDADES EDUCATIVAS ESPECIALES.

La Constitución española (1978) reconoce, en su artículo 49, los derechos que tienen las personas con minusvalías. El R. D. 126/2014, por el que se establece el currículo básico de la Educación Primaria, en su artículo 10, indica que "*las administraciones educativas fomentarán la calidad, equidad e inclusión educativa de las personas con discapacidad, la igualdad de oportunidades y no discriminación por razón de discapacidad, medidas de flexibilización y alternativas metodológicas, adaptaciones curriculares, accesibilidad universal, diseño para todos, atención a la diversidad y todas aquellas medidas que sean necesarias para conseguir que el alumnado con discapacidad pueda acceder a una educación educativa de calidad en igualdad de oportunidades*".

La L.O.E. (2006), en su artículo 4, indica que la atención a la diversidad es un **principio fundamental**. En el Título II "*Equidad en la Educación*", capítulo I, señala al "*alumnado con necesidad específica de apoyo educativo*". En el artículo 71 especifica que este grupo engloba a quienes tienen "*necesidades educativas especiales, quienes padecen dificultades específicas de aprendizaje; el alumnado con altas capacidades intelectuales; quienes se hayan incorporado tarde al sistema educativo y aquellos afectados por condiciones personales o de historia escolar*". En el artículo 73 establece que el alumnado con necesidades educativas especiales es el que padece discapacidad (sensorial, psíquica o motóricas) y trastornos graves de conducta. Ya en el Capítulo II trata la "*Compensación de las desigualdades en educación*" (determinados alumnos que se "*encuentren en situaciones desfavorables*").

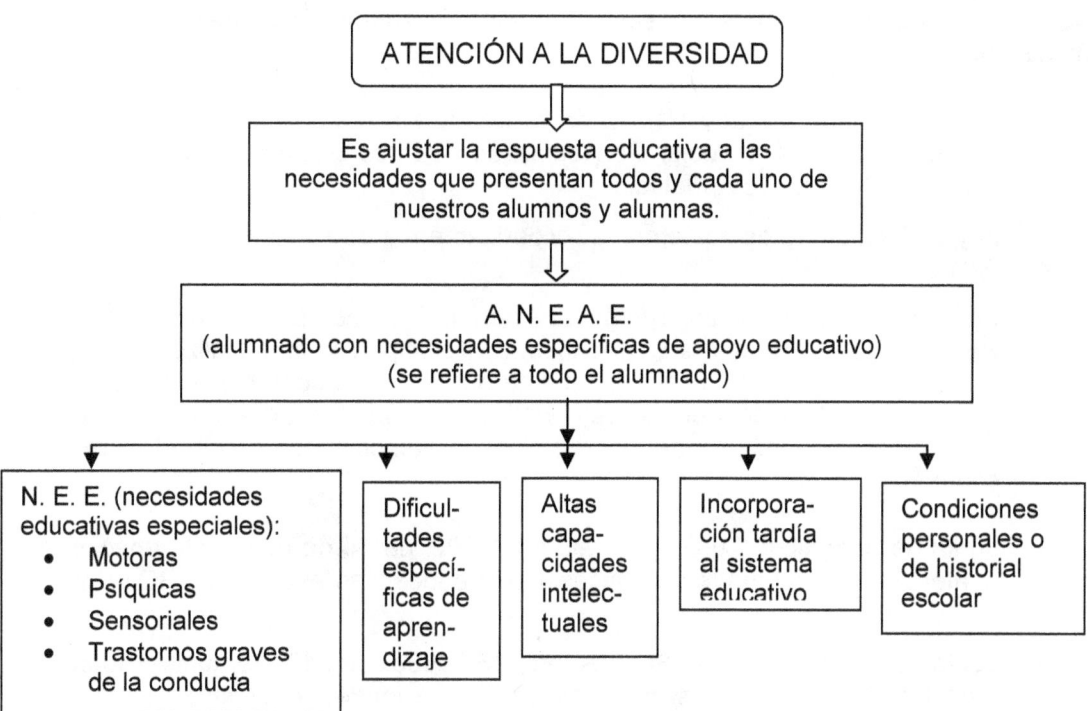

La LOMCE/2013, modifica algunos artículos de la LOE/2006. Concretamente, el artículo 1, párrafos b; k; l. Además, de añaden nuevos párrafos h bis; q, en los siguientes términos:

"*b) La equidad, que garantice la igualdad de oportunidades para el pleno desarrollo de la personalidad a través de la educación, la inclusión educativa, la igualdad de derechos y oportunidades que ayuden a superar cualquier discriminación y la accesibilidad universal a la educación, y que actúe como elemento compensador de las desigualdades personales, culturales, económicas y sociales, con especial atención a las que se deriven de cualquier tipo de discapacidad.*

h bis) El reconocimiento del papel que corresponde a los padres, madres y tutores legales como primeros responsables de la educación de sus hijos.

k) La educación para la prevención de conflictos y la resolución pacífica de los mismos, así como para la no violencia en todos los ámbitos de la vida personal, familiar y social, y en especial en el del acoso escolar.

l) El desarrollo, en la escuela, de los valores que fomenten la igualdad efectiva entre hombres y mujeres, así como la prevención de la violencia de género.

q) La libertad de enseñanza, que reconozca el derecho de los padres, madres y tutores legales a elegir el tipo de educación y el centro para sus hijos, en el marco de los principios constitucionales."

Por su parte, la L. E. A. /2007, artículo 113, establece que "*se considera alumnado con necesidades específicas de apoyo educativo aquel que presenta necesidades educativas especiales debidas a diferentes grados y tipos de capacidades personales de orden físico, psíquico, cognitivo o sensorial; el que, por proceder de otros países o por cualquier otro motivo, se incorpore de forma tardía al sistema educativo, así como el alumnado que precise de acciones de carácter compensatorio y al que presenta altas capacidades intelectuales*".

En nuestra **Comunidad** destacamos específicamente la siguiente legislación más significativa:

- Junta de Andalucía. Ley 1/1999, de 31 de marzo. Atención a las personas con discapacidad en Andalucía. Consejería de Asuntos Sociales. BOJA nº 45, de 17/05/1999. Junta de Andalucía.
- Ley 9/1999, de 18 de noviembre. Solidaridad en la Educación. BOJA nº 140, de 02/12/1999.

    En 1999, Andalucía se incorporó a la **Agencia Europea para el Desarrollo en Necesidades Educativas Especiales**. La participación se canaliza a través de la C. de Educación. La finalidad de está actuación es contribuir al logro de los objetivos establecidos en la Ley 9/1999, de Solidaridad en la Educación, especialmente la mejora de la calidad de la atención que recibe el alumnado con n. e. e.

- Junta de Andalucía (2002). Decreto 147/2002, de 14 de mayo. Ordenación de la atención de alumnado con necesidades educativas especiales. BOJA nº 58, de 18/05/2002.
- Junta de Andalucía (2003). Decreto 167/2003, de 17 de junio. Sobre la atención educativa a los alumnos con necesidades educativas especiales asociados a condiciones sociales desfavorecidas. BOJA nº 118, de 23/06/2003.
- Junta de Andalucía (2008). Orden de 25 de julio de 2008, por la que se regula la atención a la diversidad del alumnado que cursa la educación básica en centros docentes públicos de Andalucía. BOJA nº 167, de 22/08/2008.
- Junta de Andalucía (2011). Acuerdo de 4 de octubre de 2011, del Consejo de Gobierno, por el que se aprueba el Plan de Actuación para la atención educativa al alumnado con necesidades específicas de apoyo educativo por presentar altas capacidades intelectuales en Andalucía 2011-2013 (BOJA 17-10-2011).
- Junta de Andalucía (2013). Instrucciones de 28 de mayo de 2013 de la Dirección General de Participación y Equidad por las que se regula el procedimiento para la aplicación del protocolo para la detección y evaluación del alumnado con necesidades específicas de apoyo educativo por presentar altas capacidades intelectuales.

1.2. LAS ADAPTACIONES CURRICULARES COMO MEDIDAS A TOMAR ANTE EL ALUMNADO CON NECESIDADES EDUCATIVAS ESPECIALES.

La **educación inclusiva** se sustenta en un desarrollo social de los derechos humanos que promueven la justicia social y la igualdad de oportunidades.☐Por ello debemos conocer modelos de prácticas que faciliten estrategias y recursos para implementar la inclusión de las personas con discapacidad en los programas de Educación Física en las **etapas** educativas, así como en las actividades desarrolladas en los centros deportivos y clubes (Comité Paraolímpico Español, 2014).

La adaptación curricular es un logro que empieza con la Reforma y la LOGSE, hoy derogada por la L. O. E., y al que la Educación Física ha contribuido de manera muy importante, de tal forma que el desarrollo de nuestra Área y materia ha crecido análogamente a este proceso (Navarro, 2007).

Precisamente la L. O. E. (2006), en su artículo 4, punto 3, indica que *"sin perjuicio de que a lo largo de la enseñanza básica se garantice una educación común para los alumnos, se adoptará la atención a la diversidad como principio fundamental.*

Cuando tal diversidad lo requiera, se adoptarán las medidas organizativas y curriculares pertinentes, según lo dispuesto en la presente Ley".

El Título II, capítulo I, trata sobre el "alumnado con necesidad específica de apoyo educativo", destacando los grupos que hemos citado anteriormente: necesidades educativas especiales (discapacidades); dificultades específicas de aprendizaje; altas capacidades; incorporación tardía; condiciones personales o de historia escolar.

Entre las medidas contempladas en la L. O. E. (2006) destacamos a *"las adaptaciones del currículo, la integración de materias en ámbitos, los agrupamientos flexibles, los desdoblamientos de grupos, la oferta de materias optativas, programas de refuerzo y programas de tratamiento personalizado para el alumnado con necesidad específica de apoyo educativo"*. En **resumen**, el sistema educativo utiliza la **flexibilidad curricular y la individualización** como sus principales **ejes de actuación** (Bravo, 2008).

Las diversas comunidades autónomas españolas tienen legislada específicamente la "Atención a la Diversidad". Por ejemplo, la Orden de 25 de julio de 2008, por la que se regula la atención a la diversidad del alumnado que cursa la educación básica en los centros docentes públicos de Andalucía, que a continuación tomamos como referencia.

Debemos **evaluar** para **identificar** las posibles **ayudas** que pueda necesitar un alumno lo antes posible y por personal cualificado (LOE, art. 71):

a) ¿Qué evaluar?: variables relativas al alumno: competencia curricular previa, entorno social, familiar, etc.
b) ¿Cómo evaluar?: entrevista con familia, alumno, médico, etc. Estudiar el expediente que tenga y realizar pruebas de rendimiento sobre inteligencia, destrezas, etc.
c) ¿Quién evalúa?: E.O.E. (D. 213/1995; O. 23/07/2003), como personal cualificado para pasar pruebas psicotécnicas. Debe, posteriormente, asesorar al profesorado para adecuar el currículum. Maestro de P. T. (O. 25/07/2008). El propio tutor ya que tiene información continua y puede introducir cambios curriculares.

1.2.1.- LOS PROGRAMAS DE ADAPTACIÓN CURRICULAR.

Resumimos lo publicado en la O. de 25 de Julio de 2008, por la que se **regula la atención a la diversidad** del alumnado que cursa la educación básica en centros docentes públicos de Andalucía, BOJA nº 167, de 22/08/2008.

La adaptación curricular es una medida de **modificación** de los elementos del currículo, a fin de dar **respuesta** al alumnado con necesidades específicas de apoyo educativo (A. N. E. A. E.)

Los **programas** van dirigidos al alumnado de educación primaria y secundaria que se encuentre en alguna de estas situaciones (VV. AA., 2008):

a) Alumnado con necesidades educativas especiales.
b) Alumnado que se incorpora tardíamente al sistema educativo.
c) Alumnado con dificultades graves de aprendizaje.
d) Alumnado con necesidades de compensación educativa.
e) Alumnado con altas capacidades intelectuales.

En cualquier caso, la **escolarización** del alumnado que sigue programas de adaptación curricular se regirá por los **principios** de normalización, inclusión escolar y social, flexibilización y personalización de la enseñanza.

La escolarización del alumnado que se incorpora tardíamente al sistema educativo se realizará atendiendo a sus circunstancias, conocimientos, edad e historial académico. Cuando presenten graves carencias en la lengua española, recibirán una atención específica que será, en todo caso, simultánea a su escolarización en los grupos ordinarios. En este caso, el área de Educación Física contribuye especialmente debido a la relación sociomotriz que suponen los juegos motores.

Todos los centros dispondrán de recursos específicos que permitan garantizar la escolarización en condiciones adecuadas. Asimismo, recibirán una atención preferente de los servicios de apoyo a la educación.

Los programas de adaptación curricular en su concepción y elaboración podrán ser de **tres tipos** (VV. AA., 2008):

a) <u>Adaptaciones curriculares no significativas</u>, cuando el desfase curricular con respecto al grupo de edad del alumnado es **poco** importante. Afectará a los elementos del currículo que se consideren necesarios, metodología y contenidos, pero **sin modificar** los objetivos de la etapa educativa ni los criterios de evaluación. Son las más habituales.

b) <u>Adaptaciones curriculares significativas</u>, cuando el desfase curricular con respecto al grupo de edad del alumnado haga necesaria la modificación de los elementos del currículo, incluidos los objetivos de la etapa y los criterios de evaluación.

c) <u>Adaptaciones curriculares para el alumnado con altas capacidades intelectuales</u>. No nos afectan directamente. En cualquier caso, se nos pueden presentar chicas o chicos que hacen deporte en escuelas o en clubes. Su mayor nivel de habilidad nos hará que aumentemos la dificultad de la tarea o la velocidad de ejecución de la misma.

NOTAS:

a) Ver este punto más detallado en el Tema 22.
b) Esta terminología puede variar en función nos situemos en una u otra comunidad autónoma.

2. CARACTERÍSTICAS GENERALES DE LOS TIPOS Y GRADOS DE MINUSVALÍAS: MOTORAS, PSÍQUICAS Y SENSORIALES EN RELACIÓN CON LA ACTIVIDAD FÍSICA.

En la bibliografía especializada existen diversas clasificaciones sobre las minusvalías (Pérez Turpin y Suárez, 2006). Seguiremos, por razones obvias, la expresada en el **título** del **Tema** y siempre referida a su implicación con la actividad física.

2.1. MOTORAS.

Son las deficiencias y alteraciones del aparato **locomotor** y de su funcionamiento, es decir, las que afectan a las funciones **motrices**: paresias, parálisis, alteraciones de equilibrio y coordinación, etc. Inciden en los sistemas óseo, muscular, articular y nervioso (Cumellas y Estrany, 2006). Estas modificaciones debidas al funcionamiento incorrecto del sistema nervioso y óseo/muscular que les impiden ejecutar determinados movimientos como los demás pueden ser **transitorias o permanentes** (Bravo, 2008).

Los chicos y las chicas que las padecen se **caracterizan** porque están en una situación de partida inferior a los demás debido a esa movilidad reducida (Hernández - coord.-, 2015). Los defectos pueden ser: posturales, de desplazamiento, en la coordinación motriz, en las manipulaciones gruesas o finas, problemas de equilibrio, incapacidad para seguir ritmos, entre otras (Ruiz Pérez, 2005).

Además, estas discapacidades pueden estar **aisladas** o bien **ligadas** a otras de tipo sensorial, de expresión verbal, etc. En este campo se da una mayor variabilidad en cuanto a tipos y grados, lo que hace compleja la toma de decisiones por el docente (Arráez, 1998). Estamos hablando de "*plurideficiencias*" (López Franco, 2004).

Por otro lado, presentan una **disarmonía** en el desarrollo evolutivo, más acusada conforme mayor es la afectación motriz, sensorial o cognitiva; una limitación para la comunicación vocal, necesitando en ocasiones el empleo de sistemas de comunicación no verbal; y un potencial cognitivo diferente, que oscila desde la inteligencia conservada, al retraso mental en sus diversos grados (Serrano y Benavides, 2016).

El alumnado con esta discapacidad se enfrenta a los siguientes retos:

- Alcanzar la máxima movilidad en su entorno
- Conseguir la mayor capacidad de comunicación

La discapacidad motórica representa un 10% del alumnado con necesidades educativas especiales por razón de discapacidad. De ellos, un 50% se debe a parálisis cerebral, un 12% a problemas de espina bífida y el 38% restante lo componen otras dificultades motrices de diversas causas, sobre todo las distrofias y los síndromes (J. de Andalucía, 2001). Englobadas en este concepto, existen **numerosas patologías** que inciden en la discapacidad motriz o física (Bravo, 2008).

Las **clasificamos** en:

a) Parálisis cerebral	b) Lesiones medulares	c) Enfermedades fisiológicas y físico-orgánicas

a) **Parálisis cerebral**.

Es una anomalía neuromotriz provocada por el desarrollo defectuoso o por lesión del cerebro durante el periodo pre-natal, peri-natal o postnatal (Rigal, 2006). Es una secuela directa de una agresión encefálica no evolutiva, que se caracteriza básicamente por un desorden persistente, variable, del tono muscular, la postura y el movimiento y que aparece durante la primera infancia, limitando sus actos motores (Simard, Caron y Strotzky, 2003). Los problemas de movilidad pueden ir asociados a otros como clínicos, sensoriales, perceptivo, comunicativos... (Bravo, 2008).

La **clasificación** de la Parálisis Cerebral se puede hacer atendiendo a varios criterios: topografía, tipo de alteración del tono y su intensidad.

- Según la **topografía** de la afectación:

    Monoparesia: un solo miembro

    Hemiparesia: de un lado

    Parapesia: en los dos miembros inferiores

    Tetraparesia: en los cuatro miembros

- Según el tipo de **alteración del tono** muscular y el control del movimiento. Se manifiesta por sus síntomas observables (Simard, Caron y Strotzky, 2003):

    Hipotónico: el tono muscular está disminuido.

    Espástica: el tono muscular está muy aumentado.

    Atetósica: el tono muscular es fluctuante, varía de la hipotonía a la hipertonía según la actividad y el momento emocional.

    Atáxica: el tono muscular suele estar disminuido. Están comprometidos el equilibrio dinámico y estático, así como la estabilidad postural y la coordinación de habilidades y precisión de movimientos.

    Formas mixtas: los casos más habituales son una mezcla de espasticidad y atetosis, aunque también se dan casos de atetosis con ataxia y espasticidad, y hasta de las tres formas a la vez. Los efectos son diversos según el predominio de una sobre otra.

- Según la **intensidad** de la lesión:

    Leves: cuando los movimientos están mal dirigidos pero permiten caminar y hablar.

    Moderadas: cuando se presentan dificultades para caminar y hablar.

    Severas: no permiten caminar y el lenguaje está muy afectado.

En la problemática de las actividades motrices de la parálisis cerebral, destacamos que el desarrollo del niño afectado es más lento que en el normal y tiene los reflejos arcaicos durante más tiempo. Durante la práctica de la educación física tendremos en cuenta una serie de pautas porque su sistema sensomotor está muy afectado (Sánchez Rodríguez y Llorca, 2004):

- Problemas perceptivos-motores: dificultades en configurar el esquema corporal.
- Dificultades en el tono muscular: alteraciones del control postural y equilibrio.
- Conflictos con su lateralidad y en la orientación témporo-espacial.

No deben hacerse actividades complejas ni continuadas. En todos los casos es necesario un conocimiento concreto de las deficiencias y las causas de las mismas, pues sólo de esta forma se podrán tratar con el correspondiente programa de desarrollo individual.

Nota: La actuación didáctica específica, pautas de actuación, etc. es propio del Tema 22

b) **Lesiones medulares**.

Se refiere a la pérdida parcial de las fibras del cordón lateral del haz córticoespinal, sobre todo en la zona dorsal y lumbar, y menos en la cervical. La mayoría tienen su etiología en accidentes y traumatismos directos.

- La **espina bífida** es una malformación congénita de la columna y de la médula espinal en sus envolturas, la cual no se ha desarrollado en su totalidad, teniendo una bifurcación en la parte terminal que imposibilita la protección del paquete nervioso (Bravo, 2008). Puede tener varios niveles de gravedad y acumular complicaciones, por ejemplo, exceso de líquido céfalo-raquídeo en el interior de la cabeza -hidrocefalia- (Ríos, 1998).

  La deformación de la médula y de las raíces raquídeas causará el déficit neurológico, en el equilibrio y sobre todo en sus miembros inferiores, que les dificulta o impide la **deambulación**. Puede ser "*oculta*" o "*quística*", y ésta se subdivide en "Meningocele" y "Mielomeningocele" (Simard, Caron y Strotzky, 2003).

- Entre los **síndromes** adquiridos por procesos **traumáticos** (accidentes) o **infecciosos** como la poliomielitis, que es una virasis del asta anterior de la médula espinal, donde se localizan las neuronas motrices (López Franco, 2004), destacamos a:
  - Monoplejía: sólo está afectada una extremidad.
  - Hemiplejía: está perjudicada la pierna y el brazo del mismo lado.
  - Doble hemiplejía: afectación en ambos lados.
  - Paraplejia: daños en los dos miembros inferiores.
  - Diplejía: mayor daño en los miembros inferiores que en los superiores.
  - Tetraplejia: afectación de los miembros superiores e inferiores por igual.
  - Triplejía: inmovilidad de tres miembros.

c) **Enfermedades fisiológicas o físico-orgánicas**.

De las muchas existentes nombramos a **varias**, que tienen diversas etiologías:

- Amputaciones traumáticas debidas a accidentes o las obligadas por procesos infecciosos. Hay pérdida total o parcial de una o varias extremidades (López Franco, 2004).

- Malformaciones congénitas, por ejemplo, en los pies, brazos, raquis, etc.

- Miopatías. También se llaman **distrofias musculares**. Hay una degradación en el funcionamiento muscular con independencia de su inervación. Suelen ser hereditarias y progresivamente va aumentando el deterioro del músculo esquelético, siendo la "Distrofia Muscular de Duchene" una de las más conocidas (Bravo, 2008). Existen varios niveles de afectación y se manifiestan por la lentitud, falta de fuerza, sincinesias, etc. (Gomendio, 2000).

- Diabetes. Es un desequilibrio en la capacidad normal del cuerpo para metabolizar o aprovechar los alimentos, describiéndose un estado de aumento de glucosa en sangre.

- Hemofilia. Es una enfermedad hereditaria que afecta al mecanismo de coagulación sanguínea, apareciendo los problemas clínicos como consecuencia de una coagulación anormal después de una herida o contusión.

- Obesidad. Es un aumento patológico de la grasa corporal produciendo un peso superior al normal. La movilidad se ve muy reducida (Martínez, 2006).

- Cardiopatías. Son las enfermedades del corazón. Las más usuales son.

    o Congénita. Adquirida durante el desarrollo embrionario.
    o Insuficiencia cardiaca. Enfermedades de las arterias coronarias.
    o Miocardiopatía. Debilidad muscular cardiaca con aumento patológico del volumen cardíaco.
    o Arritmia. Frecuencia cardiaca alta o lenta que producen, entre otras cosas mareos e inestabilidad.
    o Aparte están las lesiones valvulares, endocarditis, palpitaciones y las malformaciones cardiacas. Éstas afectan a un elevado porcentaje de niñas y niños con el Síndrome de Down (Escribá, 2002).

- Asma. Es un problema de las vías respiratorias con estrechamiento de los bronquios. Es más frecuente en niños que en niñas y suele desaparecer hacia la pubertad (Naranjo, 2006).

- Alergias. Es una sensibilidad especial que tienen las personas de todas las edades antes ciertas sustancias, como pólenes y polvo, que les provocan alteraciones cutáneas, respiratorias, oculares, etc.

- Epilepsias. Es un síntoma de trastorno repetido en la actividad eléctrica normal del cerebro.

- Tuberculosis. Es una enfermedad infecciosa que suele atacar al pulmón.

- Poliomielitis. Es una enfermedad infecciosa aguda. El "poliovirus" ataca el sistema nervioso y destruye las células encargadas del control muscular.

- Otras. Desnutrición, enfermedades de la piel, etc.

Nota: La actuación didáctica, pautas de actuación, etc. se corresponde con el T. 22.

2.2. PSÍQUICAS.

Bonany (1998), citando la definición de la O. M. S. (1983), indica que la discapacidad mental es *"un funcionamiento inferior al término medio, con perturbaciones en el aprendizaje, maduración y ajuste social, constituyendo un estado en el cual el desarrollo mental es incompleto o se detiene."* En un principio, toda **afectación** del sistema nervioso central, cualquiera que sea su causa, es susceptible de ocasionar una disminución de la capacidad intelectual (Bravo, 2008).

El grupo más numeroso (60%), dentro del alumnado con discapacidad, lo constituye el que padece retraso mental en sus diversos estadios: leve, moderado, grave y profundo. De ellos, el 63% tiene retraso mental leve, el 25% moderado, el 7% grave y el 5% profundo.

Las perspectivas educativas y sociolaborales **características** de este grupo son muy diversas y están condicionadas por el grado de afectación y por las posibles deficiencias asociadas (Gallardo, 2008). Pero, sobre todo, va a depender de la capacidad de la escuela para ajustar la intervención educativa a las necesidades que este colectivo presente y del compromiso de la sociedad, en su conjunto, por la promoción e inserción laboral, real y efectiva de ellas y de ellos (J. de Andalucía, 2001).

Es necesario que estos individuos asimilen lo antes posible los conceptos témporo-espaciales, que les plantean una gran dificultad, para que comprendan el espacio y se adapten a multitud de situaciones cotidianas (Arráez, 1998).

Seguimos la **clasificación** que, en dos grandes grupos, propone la J. de Andalucía (2000), quien en las "Novedades para la actualización del censo de alumnos con N. E. E. en nuestra Comunidad", Anexo I, especifica las siguientes discapacidades relacionadas con los déficits psíquicos:

a) **Retraso mental**:
Se refiere a personas que tienen un coeficiente intelectual (C. I.) inferior a 70. Comúnmente se clasifican en función a esta medida de nivel del intelecto (Bonany, 1998).

El retraso es de etiología **genética**, como las alteraciones metabólicas, o **adquirida**, como las cromosopatías o alteraciones en los cromosomas a causa de radiaciones, virasis, edad avanzada en los padres, etc. Por ejemplo, Síndrome de Down, de Edwards, y otros.

También puede estar causado por síndromes **prenatales** (alteraciones patológicas de la madre, como la rubéola), **perinatales** (a causa de una lesión en el parto) y **postnatales**, como infecciones, malnutrición y traumatismos, entre otras causas (Gomendio, 2000).

- Inteligente Bordeline: Grupo constituido por quienes poseen un C. I. Entre 70 y 85. Asimilan con esfuerzo los conocimientos escolares (Bravo, 2008).

- Retraso leve: Coeficiente intelectual (C. I.) entre 50-55 y 70. La mayoría no presenta etiología física identificable, por lo que se les denomina discapacitados mentales de tipo "cultural-familiar" y también "sujetos medianamente en desventaja" o "alumnado con disfunción cerebral mínima". Se caracterizan por tener equilibrio insuficiente; dificultad al realizar ejercicios de lateralidad; tener menos precisión y rapidez; dificultad en la orientación espacial y pocas diferencias en los aspectos coordinativos en comparación a los niños normales. Tienen diferencias entre su edad cronológica y edad real, con retrasos académicos. En este grupo se encuadran a otros sujetos con otros problemas de aprendizaje y perturbaciones emocionales.

- Retraso moderado: C. I. entre 35-40 y 50-55. Con dedicación pueden llegar a alcanzar un nivel similar al de primer ciclo de Primaria en lecto-escritura y matemáticas. Muestran una coordinación motriz "aceptable" y habilidades para desarrollar un oficio simple. Una gran parte posee etiología física como causa de su retraso.

- Retraso grave: C. I. entre 20-25 y 35-40. Pueden llegar a los 3-5 años de edad mental. Algunos son capaces de adquirir unas mínimas destrezas para su vida diaria, aunque no llegan a ser semi-independientes. Pueden lograr comunicarse muy básicamente, así como tener cotas mínimas de higiene personal.

- Retraso profundo: C. I. inferior a 20-25. No alcanzan una edad mental superior a los 3 años y no están normalmente escolarizados en colegios estándar. Algunos pueden aprender a caminar, aunque tienen poca conciencia de su entorno, pero entre ellos hay mayor incidencia de déficit motor, sensorial y físico y mayor propensión a una muerte temprana. Nula autonomía y expresión por lo que requieren atenciones continuas.

b) **Trastornos generales del desarrollo**:

- Trastornos del desarrollo y de la personalidad. Engloba a los trastornos psíquicos sobre el control de los impulsos, esquizofrenia y otros desórdenes psicóticos.
  Se pueden diferenciar los que padecen "neurosis" de los que padecen "psicosis", de acuerdo a sus características y etiología.
  Los neuróticos tienen contactos con la realidad, saben "donde están", tienen problemas emocionales. Los psicóticos, en cambio, pierden el contacto con la realidad. Por ejemplo, los autistas son los más conocidos, pero también citamos a quienes padecen el trastorno de Rett, o el síndrome de Asperger.

- Autismo. Es un trastorno profundo del desarrollo que se manifiesta como una incapacidad para relacionarse con normalidad con las personas y las situaciones. En este grupo hay diferencias individuales dependiendo del nivel intelectual, las condiciones del entorno familiar, la presencia o no de otras discapacidades y la respuesta educativa y de estimulación dadas. Se caracterizan por (J. de Andalucía, 2001):

    o Falta de comunicación e interacción social

    o Retraso en el uso del habla y comunicación

    o Insistencia en mantener un ambiente sin cambios

    o Retraso mental asociado, en un alto porcentaje

    o Alteraciones en el ritmo de desarrollo

    o Respuestas anormales a estímulos visuales

    o Desarrollo de patrones estereotipados

Otra clasificación sobre la discapacidad psíquica es la presentada por López Franco (2004), quien establece tres grupos:

- Por el cociente intelectual
- Según el nivel de desarrollo y de eficiencia social
- Por la intensidad de los apoyos requeridos para ejecutar eficazmente una tarea

Nota: La actuación didáctica, pautas de actuación, etc. se corresponde con el T. 22.

2.3. SENSORIALES.

La discapacidad sensorial es una pérdida total o parcial de la **función** de uno o varios sentidos que conlleva la captación de estímulos visuales o sonoros (Barcala, 2009). Las deficiencias sensoriales pueden tener su **origen** en alteraciones en el Sistema Nervioso Central, en el Periférico, o de ambos a la vez. Por lo general, cuando hablamos de deficiencias sensoriales, nos vamos a referir a las de **visión** o las de **audición** (Cumellas y Estrany, 2006).

Seguimos la **clasificación** dada en el Anexo I de "Novedades para la actualización del censo de alumnos con N. E. E. en nuestra Comunidad" (J. de Andalucía, 2000):

a) **Discapacidad auditiva y trastornos graves del lenguaje**:

Los sonidos tienen varias características, como intensidad, frecuencia, etc. La intensidad se mide en decibelios (dB) (Barcala, 2009).

Las sorderas pueden ser **pre-locutivas** o acontecida antes de la adquisición del habla o **post-locutivas**, que se producen a partir de los tres años de edad, o más exactamente cuando el niño o la niña ya tiene el habla adquirida (Hernández -coord.-, 2015).

Se **caracteriza** por la falta de comprensión de los mensajes dados vía oral exclusivamente. Se debe a que la discapacidad auditiva repercute directamente sobre el proceso de adquisición y desarrollo del lenguaje. Su impacto varía según la edad de aparición, tipo y grado de sordera, la estimulación auditiva y del lenguaje recibido desde que se produce, el tipo de escolarización y las competencias cognitivas y contexto sociocultural en el que está (J. de Andalucía, 2001).

Por otro lado, la sordera suele ir emparejada con un trastorno vestibular (equilibrio) pudiendo retrasar, en ocasiones, la marcha y otras habilidades básicas. Hay escolares que presentan, además de la pérdida auditiva, problemas de adaptación y aprendizaje, así como otras alteraciones de tipo psicológico.

Las **clasificamos** en:

- **Déficit auditivo**. No puede aliviarse con prótesis que le permita una eficacia auditiva suficiente como para seguir una escolarización normal. Diferenciamos a:
    - <u>Hipoacusia</u>: pérdida hasta 40-60 dB. Tienen mayores posibilidades de adquirir el lenguaje oral con apoyo protésico, prácticas en discriminación auditiva y apoyo logopédico.
    - <u>Sordera profunda</u>: pérdida superior a 60 dB. Esta población, aún con prótesis, carecen de audición funcional para la vida diaria y no pueden adquirir el lenguaje por vía auditiva. Por lo general hay que recurrir al lenguaje de signos para desarrollar el pensamiento y el lenguaje y evitar los graves desfases cognitivos y comunicativos que, de no ser así, padecerían (J. de Andalucía, 2001).

- Grave **retraso** generalizado del **lenguaje**:

    - <u>Disfasia</u>: es la pérdida parcial del habla.
    - <u>Afasia</u>: es la pérdida total del habla debida a una lesión cortical

en las áreas específicas del lenguaje.
- Otras alteraciones graves del lenguaje.

Lo más fundamental para esta población es una **detección temprana** y ofrecerles un "código de comunicación" desde la Etapa Infantil para que vayan estructurando el pensamiento, representando la realidad, comunicándose, socializándose y adquiriendo el conocimiento (Mendoza, 2009). No olvidemos que el individuo oyente tiene acceso a un código socialmente mayoritario, que es el lenguaje oral, pero quienes tienen sordera no pueden llegar a él. El lenguaje moldea el pensamiento, representa la realidad y los individuos se socializan. En cambio, las personas con sordera, al carecer de lenguaje, tendrán problemas al conocer las cosas que se transmiten por la voz, pero tienen la capacidad de abstraer los conocimientos a través del lenguaje de signos, relacionando un gesto con un objeto, acción, adjetivo, etc. (Bernal, 2002).

En cuanto al código de comunicación a trabajar depende de las características de los individuos. Hoy día hay dos grandes tendencias que podemos aplicar en nuestras clases de educación física:

- Métodos **oralistas** (labial). Adquirir el lenguaje oral a través de leer en los labios y de la reeducación auditiva.
- Métodos **gestuales**. Es el lenguaje por signos, por las manos.

No obstante, podemos señalar a otra tendencia que combina a las anteriores. Nos referimos al método **mixto** o **bimodal**. Es hablar y gesticular al unísono. De ahí la **importancia** de nuestra **Área** para dominar el Esquema Corporal y aprender a expresar corporalmente.

Alegre (2008), indica los beneficios de potenciar la comunicación oral a través de la **lectura labial** y el método **verbotonal**, y también la comunicación gestual: a través de la **dactilología**, **mímica** o la **palabra complementada** o el sistema **bimodal** o el **lenguaje de signos** de la comunidad con sordera.

Pérez Turpin y Suárez (2004) citan a Lloyd y Karlan (1984), quienes dividen en dos grupos a los sistemas alternativos de comunicación:

- **No asistidos o sin ayuda**. A través de gestos, la mímica, en suma, signos manuales.
- **Asistidos o con ayuda**. A través de algún tipo de representación gráfico-visual.

b) **Discapacidad visual**:

Es la pérdida total o parcial del sentido de la vista. Como existen varias gradaciones, lo ideal es conocer cuento antes el diagnóstico del médico especialista para realizar una correcta intervención educativa (Bravo, 2008). Diferenciamos entre:

- **Ceguera**. Ausencia total o casi total de visión, que no es aprovechable ni funcional e impide la discriminación de formas gráficas, aunque en algunos casos puedan percibir los cambios de luminosidad. Hay diversos métodos de medida, como el Optograma de Snelle. Precisan del código Braille para la adquisición de la lecto-escritura.
- **Ambliopía o Hipovisión**. Hay restos de visión útiles, pero con prácticas

en discriminación visual, con el empleo de ayudas ópticas, iluminación especial y macrotipos o caracteres gráficos ampliados, se consiguen éxitos (J. de Andalucía, 2001).

Las **patologías** más frecuentes causantes de la **baja visión**, son (Vidal, 1998) y Bravo, 2008):

- Daños en el globo ocular. Patología corneal, distrofias o alteraciones en las capas de la córnea, etc.
- Cataratas o cristalino opaco.
- Glaucoma, que es el aumento de la presión intraocular.
- Miopía degenerativa o adelgazamiento de la retina.
- Atrofia del nervio óptico. Degeneración o desprendimiento de retina.
- Renitopatías varias. Síndromes varios: Marfan, Albinismo, Marchesani...
- Daños cerebrales. El globo ocular es normal y los problemas visuales son secundarios a la disfunción cerebral, como meningitis, y suele ir acompañada de otros problemas.

Entre las **características** generales que afectan a esta población con relación a la Educación Física, destacan las deficiencias en la orientación y estructuración espacial; mala lateralidad; deficiencias senso-motrices; mala relación con el mundo exterior, con los demás e inestabilidad emocional (Miñambres, 2004).

Si en todas las áreas del currículo colaboramos para su integración, **evitaremos** una serie de aspectos negativos que se ha venido dando en años atrás (Gómez, Puig y Maza, 2009).

Nota: Las pautas de actuación específicas se corresponden con el enunciado del T. 22.

CONCLUSIONES

Hemos estudiado al alumnado que tiene necesidades educativas especiales, sus tipos clásicos (motoras, sensoriales y psíquicas), y sus grados, relacionándolos con la actividad física. En cada punto hemos visto las clasificaciones y peculiaridades de cada clase. El principio subyacente es integrar a este alumnado con el resto del grupo, adaptándole el currículo con una metodología individualizada. Es misión de la escuela ordinaria proporcionar ayudas pedagógicas para satisfacer las necesidades educativas de todos. En la mayoría de ocasiones bastará con un poco de apoyo de los compañeros o bien adaptar alguno de los factores, aunque quienes tengan dificultades más serias, ni con las más profundas adaptaciones se podrá conseguir una participación integrada.

BIBLIOGRAFÍA

- ALEGRE, O. M. (2008). *Los gestos y movimientos de la diversidad*. En CUÉLLAR, Mª J. y FRANCOS, Mª C. *Expresión y comunicación corporal*. Wanceulen. Sevilla.
- ARRÁEZ, J. M. (1997). *¿Puedo jugar yo?* Proyecto Sur. Granada.
- ARRÁEZ, J. M. (1998). *Teoría y praxis de las adaptaciones curriculares en la Educación Física*. Aljibe. Málaga.

- ASÚN, S. y otros (2003). *Educación física adaptada para Primaria*. INDE. Barcelona.
- BARCALA, R. (2009). *Estrategias para la integración del alumnado con necesidades educativas especiales*. En GUILLÉN, M. y ARIZA. L. *Las Ciencias de la Actividad Física y el Deporte como fundamento para la práctica deportiva*. U. de Córdoba.
- BERNAL, J. A. (2002). *El profesor de educación física y el alumno sordo*. Wanceulen. Sevilla.
- BONANY, T. (1998). *Descripción y análisis de la discapacidad psíquica*. En RÍOS, M. y otros. *El juego y los alumnos con discapacidad*. Paidotribo. Barcelona.
- BRAVO, J. (2008). *Atención a la diversidad y su tratamiento dentro del mundo de la educación física*. CEP. Madrid.
- CENTRO NACIONAL DE RECURSOS EN EDUCACIÓN ESPECIAL (1992). *Alumnos con necesidades educativas especiales y adaptaciones curriculares*. M. E. y C. Madrid.
- COMITÉ PARALÍMPICO ESPAÑOL (2014). *La inclusión en la actividad física y deportiva*. Paidotribo. Barcelona.
- CONTRERAS, O. (2004). *Didáctica de la Educación Física. Un enfoque constructivista*. INDE. Barcelona.
- CUMELLAS, M. y ESTRANY, C. (2006). *Discapacidades motoras y sensoriales en Primaria*. INDE. Barcelona.
- ESCRIBÁ, A. (2002). *Síndrome de Down. Propuestas para la intervención*. Gymnos. Madrid.
- GALLEGO, J. (1997). *Atención a la diversidad educativa: Adaptaciones curriculares*. En DELGADO, M. A. -coord.-. *Formación y Actualización del profesorado de Educación Física y del Entrenamiento Deportivo*. Wanceulen. Sevilla.
- GALLARDO, P. (2008). *La atención educativa a las personas con deficiencia mental*. Wanceulen. Sevilla.
- GARCÍA VIDAL, J. (1993). *Guía para realizar adaptaciones curriculares*. E.O.S. Madrid.
- GOMENDIO, M. (2000). *Educación Física para la integración de niños con necesidades educativas especiales*. Gymnos. Madrid.
- GÓMEZ, C.; PUIG, N. y MAZA, G. (2009). *Deporte e integración social*. INDE. Barcelona.
- HERNÁNDEZ, F. J. -Coord.- (2015). *El deporte para las personas con discapacidad*. Edittec. Barcelona.
- GONZÁLEZ MANJÓN, D. (1995). *Adaptaciones Curriculares*. Aljibe. Málaga.
- JUNTA DE ANDALUCÍA. C.E.J.A. (1994). *La atención educativa de la diversidad de los alumnos en el nuevo modelo educativo*. Sevilla.
- JUNTA DE ANDALUCÍA. C.E.J.A. (2000). *Novedades para la actualización del censo de alumnos con N.E.E. en nuestra Comunidad. Anexo I*".
- JUNTA DE ANDALUCÍA. C.E.J.A. (2001). Revista *Andalucía Educativa*. Nº 26, agosto de 2001. Pág. 22 a 36.
- JUNTA DE ANDALUCÍA. C.E.J.A. (2003). *Plan Andaluz para la Inclusión Social*. Sevilla. Aprobado en Consejo de Gobierno de 11 de noviembre de 2003. B. O. J. A. nº 227, de 25/11/2003.
- JUNTA DE ANDALUCÍA (2005). *Acuerdo de 11 de octubre de 2005, del Consejo de Gobierno, por el que se aprueba el Plan «Mejor Escuela»*. BOJA nº 213, de 02/11/2005.
- JUNTA DE ANDALUCÍA (2015). *Orden de 17 de marzo de 2015, por la que se desarrolla el currículo correspondiente a la educación Primaria en Andalucía*. BOJA nº 60 de 27/03/2015.

- JUNTA DE ANDALUCÍA (2015). *Decreto 97/2015, de 3 de marzo, por el que se establece la ordenación y el currículo de la educación Primaria en la comunidad Autónoma de Andalucía.* BOJA nº 50 de 13/03/2015.
- JUNTA DE ANDALUCÍA (2007). *Ley 17/2007, de 10 de diciembre, de Educación de Andalucía (L. E. A.).* B. O. J. A. nº 252, de 26/12/2007.
- JUNTA DE ANDALUCÍA (2008). *Orden de 14 de julio de 2008, por la que se regula la orientación y acción tutorial en los centros públicos que imparten la enseñanza de Educación Infantil y primaria.* BOJA nº 157, de 07/08/2008.
- JUNTA DE ANDALUCÍA (2008). *Orden de 25 de julio de 2008, por la que se regula la atención a la diversidad del alumnado que cursa la educación básica en centros docentes públicos de Andalucía.* BOJA nº 167, de 22/08/2008.
- JUNTA DE ANDALUCÍA (2010). *Decreto 328/2010, de 13 de julio, por el que se aprueba el Reglamento Orgánico de las escuelas infantiles de segundo grado, de los colegios de educación primaria, de los colegios de educación infantil y primaria, y de los centros públicos específicos de educación especial.* BOJA nº 139, de 16/07/2010.
- JUNTA DE ANDALUCÍA (2010). *Orden de 20 de agosto de 2010, por la que se regula la organización y el funcionamiento de las escuelas infantiles de segundo ciclo, de los colegios de educación primaria, de los colegios de educación infantil y primaria, y de los centros públicos específicos de educación especial, así como el horario de los centros, del alumnado y del profesorado.* BOJA nº 169, de 30/08/2010.
- LÓPEZ FRANCO, A. (2004). *Actividades físico-deportivas con colectivos especiales.* Wanceulen. Sevilla.
- MACARULLA, I. y SAIZ, M. (2009). *Buenas prácticas de escuela inclusiva.* Graó. Barcelona.
- MARCHESI, A. y MARTÍN, F. (2002). *Una escuela y una sociedad desde la diversidad.* Revista Digital. Buenos Aires. Año 8, nº 47. abril 2002. http//www.efdeportes.com
- MARTÍNEZ PIÉDROLA, E. (2006). *Hábitos saludables en la prevención de la obesidad infantil: "Dieta y Ejercicio".* En *Deportes para todos.* P. M. D. del Ayuntamiento de Dos Hermanas.
- M.E.C. (2013). *Ley Orgánica 8/2013, de 9 de diciembre, para la mejora de la calidad educativa.* BOE Nº 295, de 10/12/2013.
- M.E.C. (2014). *R. D. 126/2014, de 28 de febrero, por el que se establece el currículo básico de la Educación Primaria.* B.O.E. nº 52, de 01/03/2014.
- M. E. C. (2006). Ley Orgánica 2/2006, de 3 de mayo, de Educación (L. O. E.). B. O. E. nº 106, de 04/05/2006, modificada en algunos artículos por la LOMCE/2013.
- M. E. C. (2015). *ECD/65/2015, O. de 21 de enero, por la que se describen las relaciones entre las competencias, los contenidos y los criterios de evaluación de la educación primaria, la educación secundaria obligatoria y el bachillerato.* B.O.E. nº 25, de 29/01/2015.
- MENDOZA, N. (2009). *Propuestas prácticas de Educación Física inclusiva para la etapa Secundaria.* INDE. Barcelona.
- MIÑANBRES, A. (2004). *Atención educativa al alumnado con dificultades de visión.* Aljibe. Málaga.
- MIRÓ, J. (1998). *El déficit auditivo.* En RÍOS y otros, *El juego y los alumnos con discapacidad.* Paidotribo. Barcelona.
- NAVARRO, V. (2007). *Tendencias actuales de la Educación Física en España. Razones para un cambio.* (1ª y 2ª parte). Revista electrónica INDEREF. Editorial INDE. Barcelona. http://www.inderef.com
- NARANJO, J. (2006). *Asma y actividad física en la edad escolar.* En *Deportes para todos.* P. M. D. del Ayuntamiento de Dos Hermanas.

- PÉREZ TURPIN, J. A. y SUÁREZ, C. (2004). *Educación Física y alumnos con necesidades educativas especiales por causas motrices*. Wanceulen. Sevilla.
- PÉREZ BRUNICARDI, D.; LÓPEZ PASTOR, V. M.; IGLESIAS, P. (2004). *La atención a la diversidad en Educación Física*. Wanceulen. Sevilla.
- POSADA, F. (2000). *Ideas prácticas para la enseñanza de la Educación Física*. Agonos. Lérida.
- RIGAL, R. (2006). *Educación motriz y educación psicomotriz en Preescolar y Primaria*. INDE. Barcelona.
- RÍOS, M. y colls. (1998). *El juego y los alumnos con discapacidad*. Paidotribo. Barcelona.
- RÍOS, M. (2003). *Manual de Educación Física Adaptada*. Paidotribo. Barcelona.
- ROMERO, J. F. y LAVIGNE, R. (2005). *Dificultades en el Aprendizaje: unificación de criterios diagnósticos*. C.E.J.A., D. G. de Participación y Solidaridad Educativa. Sevilla.
- RUIZ PÉREZ, L. M. (2005). *Moverse con dificultad en la escuela*. Wanceulen. Sevilla.
- SÁNCHEZ RODRÍGUEZ, J. y LLORCA, M. (2004). *Atención educativa al alumnado con parálisis cerebral*. Aljibe. Málaga.
- SERRANO, A y BENAVIDES, A. (2016). *Educación Física para alumnos con discapacidad motora*. CCS. Madrid.
- SEVILLANO, G. (2003). *Contextos espaciales y materiales para la Educación Física Adaptada*. En RIVADENEYRA, Mª. L. y GÓMEZ, E. Mª. *Desarrollo de la Motricidad*. Wanceulen. Sevilla.
- SIMARD, D.; CARON, F. y SKROTZKY, K. (2003). *Actividad física adaptada*. INDE. Barcelona.
- SKROTZKY, K. (2003). *La espina bífida*. En SIMARD, D.; CARON, F. y SKROTZKY, K. *Actividad física adaptada*. INDE. Barcelona.
- TORO, S. y ZARCO, J. (1995). *Educación para niños y niñas con necesidades educativas especiales*. Aljibe. Málaga.
- VIDAL, M. (1998). *Descripción y Análisis de la discapacidad visual*. En RÍOS, M. y otros, *El juego y los alumnos con discapacidad*. Paidotribo. Barcelona.
- VV. AA. (2008). *Colección de manuales de atención al alumnado con necesidades específicas de apoyo educativo*. (10 volúmenes). C. E. J. A. Sevilla.

WEBGRAFÍA (Consulta en octubre de 2015).
http://www.agrega2.es
http://www.juntadeandalucia.es/averroes/
http://www.adideandalucia.es
http://recursostic.educacion.es/primaria/ludos/web/index.html
www.juntadeandalucia.es/educacion/descargasrecursos/curriculo-primaria/index.html

www.ingramcontent.com/pod-product-compliance
Lightning Source LLC
Chambersburg PA
CBHW080458170426
43196CB00016B/2868